Gimnasia Espiritual

Luis Castañeda M.

Gimnasia Espiritual

Fortalecimiento del espíritu para trascender

EDICIONES PODER

GIMNASIA ESPIRITUAL

Primera edición: 2000
Cuarta reimpresión: 2008
Editado por:
José Zoroastro Núñez Carranza
Edif. 21 Ent. H, Dep. 101
Unidad Lindavista Vallejo
07720 - México, D.F.
Tel.: 53-68-90-93

Printed in Mexico
Impreso en México
ISBN 968-6701-38-9

Dedicatoria

Dedico este libro a mi nietecita Rebeca, esperando que en su vida ponga especial atención a su desarrollo espiritual para que trascienda y deje huella en el mundo.

Y de manera muy especial lo dedico también a mi querida amiga y maestra Niní Trevit, cuya espiritualidad envidio, y quien, sin duda, puede morir en paz diciendo "Señor, he cumplido".

Prefacio

El espíritu es bueno por naturaleza. Y cómo no había de serlo si es una extensión de Dios. Pero cuando nuestro Creador nos dio una mente para que pudiéramos diferenciar entre el bien y el mal, el espíritu se volvió subordinado de la mente.

Pero el espíritu desea manifestarse, y a veces lo hace —a través de la intuición, por ejemplo— pero la mente siempre busca predominar.

La mente, incluso, tiende a negarlo, en particular cuando la mente se somete a los impulsos del cuerpo.

El espíritu, por su pureza, está en contra de los excesos, pero si la mente y el cuerpo están aliados el espíritu poco puede hacer.

Debemos fortalecer el espíritu de igual manera que fortalecemos el cuerpo. En ambos propósitos la mente debe estar de acuerdo y estar dispuesta a hacer un acto de voluntad para iniciar las actividades correspondientes.

No hacemos ejercicio físico porque la mente se deja dominar por la flojera del cuerpo. No realizamos actividades que fortalecen el espíritu, porque tanto la mente como el cuerpo se oponen. No les conviene convivir con un espíritu poderoso.

Si queremos trascender, es necesario tener un espíritu fuerte que nos guíe por el intrincado camino que es esta vida y nos lleve al logro de nuestro potencial, que es inmenso y que está diseñado para ser lo mejor que podamos ser. Pero sólo podremos mejorar si obedecemos a nuestro espíritu y controlamos nuestros impulsos mentales y corporales, que no siempre nos conducen a una vida plena y trascendente.

El espíritu es
el que vivifica,
el cuerpo de
nada aprovecha

Juan 6: 63

Desvelarse una noche en oración y meditación

¿Qué tal si en lugar de irte de "reventón" el próximo viernes te quedas en un cuarto de tu casa rezando y meditando hasta la hora en que pensabas volver a tu hogar?

Es difícil, ¿verdad? Pero es un ejercicio espiritual supremo.

A veces nos sentimos tan deprimidos o estresados, que creemos que salir a divertirnos puede curarnos de esos malestares emocionales. Te aseguro que una desvelada en oración y meditación puede ser más terapéutico que la diversión; incluso, puedes descubrir nuevos caminos de superación.

Pintar un cuadro

¿Que no sabes pintar? Los niños pequeñitos tampoco saben hacerlo, sin embargo, con qué alegría y espontaneidad toman los crayones y el papel y pintan cualquier cosa.

Haz como ellos, toma plumones, crayones, pinceles, lápices de colores o simplemente un lápiz de grafito y dibuja lo que primero brote de tu mente. Deja que tu espíritu guíe tu mano, y no dejes que el resultado final te desanime. No se trata de que hagas una obra de arte. La idea es dejar que tu espíritu se manifieste libremente en las imágenes que plasmes en el papel o en el lienzo.

Aprender algo nuevo

Tu espíritu desea que te desarrolles, que crezcas, que triunfes. Aprender algo nuevo frecuentemente ayuda a tu desarrollo.

¿Por qué no haces un plan de aprendizaje? Puedes proponerte aprender a tocar un instrumento musical, por ejemplo. O a pintar al óleo, o un idioma. O quizá computación.

Son tantas las disciplinas que uno puede estudiar, que el tiempo no alcanzaría para cubrir todas.

Escoge por lo menos dos y trata de dedicar un tiempo cada día o cada semana a su estudio.

No se trata de que te vuelvas un experto, aunque no te vendría mal. Lo que importa es que tu espíritu se solace en tus nuevos conocimientos.

Compartir la Navidad con un pobre

Indudablemente la temporada navideña debe de ser muy triste para la gente pobre que no tiene medios, tal vez ni casa, para celebrar la Navidad.

Tu espíritu se alegrará, porque es pura bondad, si invitas a una familia pobre a festejar la Navidad en tu casa.

Por lo menos, puedes llevarles algunas viandas y, si puedes, alguna ropa y juguetes, aunque sean usados.

Tu espíritu y el espíritu de esas personas se sentirán contentos y fortalecidos por tu muestra de generosidad.

No por nada decía la Madre Teresa de Calcuta: "Da hasta que duela".

Creer en los sueños

El espíritu también se comunica contigo a través de los sueños diurnos. Esa idea que de pronto surge en tu mente, bien puede ser un mensaje de tu espíritu que te dice que existe una oportunidad para tu desarrollo si la implementas.

Nuestro espíritu está siempre atento a lo que ocurre a nuestro alrededor y ve cosas que nosotros no podemos ver con los ojos del cuerpo. Cuando detecta algo que puede servirnos para crecer, nos lo hace saber por medio de una idea espontánea.

Con frecuencia, estamos pensando en algo y, de pronto, un pensamiento muy diferente aparece en nuestra mente. Debemos hacerle caso y no arrojarlo lejos como si fuera una distracción, pues ese pensamiento puede transformar nuestra vida.

Levantarse más temprano

Levantarse de la cama en la mañana es, para muchos, todo un sacrificio, especialmente si se desvelaron. No por nada a la hora de levantarse se le llama "el minuto heroico"

Cuando uno se levanta más temprano que de costumbre, así sea cinco minutos antes, es un sacrifico adicional que fortalece al espíritu.

Esos cinco minutos extras bien pueden aprovecharse para meditar, para rezar, para leer unas páginas de un buen libro o para hacer ejercicios de estiramiento y flexibilidad.

Ver a Dios en el primer mendigo que encuentres

Muchos mendigos son los más desheredados del mundo. Su miseria es tal que pueden pasar días sin probar bocado. Y su cuerpo es un nido de achaques y enfermedades. Pero Dios está en ellos, como para decirnos a los que tenemos más: "Miren, vean la miseria que el propio hombre ha provocado en la tierra por sus pecados"

Ver a Dios en un mendigo debe hacernos reconsiderar nuestra situación. Si tenemos más, ¿porqué no compartirlo con los que tienen menos? Existen tantas obras benéficas que requieren nuestra ayuda para llevarla a los necesitados.

Cuando a tu paso encuentres un mendigo, di en silencio "Dios mío, mueve mi corazón hacia la caridad".

Ceder el asiento a otra persona aunque no esté incapacitada

Si vas en un autobús , o en un vagón del tren o del Metro y vas sentado pero ya no hay asientos vacíos, cede tu lugar a otra persona aunque no sea una persona mayor, o una señora embarazada, o una mamá con su pequeño, o una persona inválida. Aunque sea un joven, hombre o mujer, en la plenitud de su vida.

Es un sacrificio, pequeño tal vez, pero sacrificio al fin, que tu espíritu te agradecerá, porque está ávido de actos de caridad realizados por ti.

Es probable que ese joven a quien ofrezcas el asiento agradezca tu gesto y no acepte, pero al menos tú habrás satisfecho una necesidad de tu espíritu.

Vivir hoy como si fuera el último día de tu vida

¿Qué tienes pendiente por hacer? ¿Qué culpas pesan sobre tu espalda? ¿Estás preparado para morir?

Si sólo este día te queda sobre la faz de la tierra. ¿Podrás morir en paz?

Estas preguntas las evitamos, porque toma mucho valor contestarlas. Pocos son los que están listos para morir, pero por lo general son personas mayores que, incluso, están cansadas de la vida. La mayoría nos aferramos a la vida. Me pregunto si la Madre Teresa de Calcuta estaba dispuesta a morir cuando aún tenía tanto por hacer por los más pobres.

Tu espíritu desea que te prepares a bien morir, porque anhela volver a su Creador y no terminar como un desheredado de Dios. Por eso, enmienda tu vida y vívela como si hoy fuera el último día que late tu corazón.

Definir un propósito de vida

Tu espíritu está orientado a una meta: Que seas lo mejor que puedas ser. Pero tú debes determinar cómo vas a lograrlo.

Cada persona nace con potencial para adquirir ciertas habilidades y destrezas, y cuando logra desarrollarlas puede alcanzar un fin superior.

Ese fin superior o propósito de vida es la meta de cada persona. Cuando se define, el espíritu se convierte en el guía que la conduce al logro de dicho propósito.

Mientras uno no desarrolle su potencial no podrá descubrir, ni mucho menos definir, ese fin último y, por tanto, está en peligro de desperdiciar su vida completamente.

Pídele a tu espíritu que te ayude a definir la razón por la que estás en este mundo y pídele también que te guíe para lograr tu propósito de vida.

Acordarse de Dios aunque no se tengan problemas

"Sólo nos damos golpes de pecho cuando nos atragantamos", reza el refrán. Y es cierto, la mayoría de las personas sólo se acuerdan de Dios cuando están en problemas, y una vez que se les han resuelto, ni gracias le dan.

El espíritu clama porque tengas gratitud a Dios y te acuerdes de El todos los días. Y cómo no lo va a hacer si es su representante en tu cuerpo.

Cada vez que te acuerdas de Dios, tu espíritu se alegra y se fortalece, pues siente que está cumpliendo con su labor de volverte un hijo agradecido con su Creador.

Pensar en la mortalidad

Tarde o temprano vamos a morir. Esta es una verdad absoluta que la mayoría de nosotros no quiere aceptar; ni siquiera quiere pensar en ello. Pero lo inevitable habrá de ocurrir un día.

Al espíritu le gustaría que pensáramos en nuestra muerte y, al hacerlo, reconsideráramos nuestra vida, pues su futuro depende de lo que hagamos mientras vivimos.

Si creemos que hay una vida después de la vida, y que esa vida será de acuerdo con la forma en que hayamos vivido en la tierra, debemos preocuparnos por ser mejores personas en esta vida. Nuestro espíritu nos lo agradecerá, pues seguramente no desea vivir en un infierno en la otra vida.

Desacelerar el paso

El espíritu funciona mejor en el reposo. Cuando el cuerpo está relajado, es más fácil comunicarse con él.

La vida moderna nos impulsa a la rapidez en todo. Caminamos, hablamos, actuamos velozmente. Por ello casi siempre tenemos tenso el cuerpo.

La tensión corporal, el estrés, no nos permite comunicarnos con nuestro interior y, mucho menos, alcanzar paz interna.

Dale reposo a tu espíritu desacelerando tu ritmo de vida. Toma las cosas con más calma. Haz de la paciencia una de tus mejores virtudes. Detente por completo varias veces al día y escucha lo que tú espíritu tiene que decirte.

Dedicar más tiempo a los hijos

Con frecuencia ponemos de pretexto el que no pasamos mucho tiempo con nuestros hijos porque debemos trabajar hasta muy tarde para que no les falte nada. La verdad es que a final de cuentas puede faltarles todo, porque cuando son pequeños lo que más les hace falta es la seguridad que los padres les dan.

Cuando los padres no están presentes los hijos se sienten inseguros. Y es natural, su espíritu está fuertemente vinculado con el espíritu de cada uno de los padres.

Es un vínculo de amor que exige cercanía, y cuando ésta no se da, sobreviene, muchas veces, el quebranto espiritual de los niños, lo cual los hace vulnerables a las adicciones y a la delincuencia.

Dedica más tiempo a tus hijos para que no les falte nada.

Escribir un poema

No importa que nunca hayas escrito un poema. La poesía ahora es más libre. No es necesario que sepas rimar.

Simplemente escribe lo que sientas, línea tras línea. Deja que tu espíritu te dicte. No busques la perfección gramatical o poética. Si te pones a criticar lo que escribes, el espíritu se callará y no sabrás lo que quiere decirte.

Si no sabes cómo empezar, toma un diccionario y escoge una palabra al azar y tómala como punto de partida. Deja fluir tus pensamientos y no te detengas a reflexionar sobre ellos. Simplemente escríbelos. No te preocupes por la longitud de cada línea, termínala donde tu intuición te indique. Recuerda que es tu espíritu el que está escribiendo el poema.

Tenerle paciencia a Dios

Siempre queremos que Dios nos resuelva las dificultades y nos dé salud y riqueza, y le pedimos que lo haga de inmediato como si estuviera a nuestro servicio absoluto.

Cuando no nos responde rápidamente nos sentimos defraudados; incluso llegamos a dudar de su existencia o, por lo menos, de su misericordia.

Dios sabe bien lo que necesitamos pero no siempre nos lo da, pues por el momento puede no ser lo mejor para nosotros.

Nuestro espíritu, que es el representante de Dios en nuestro cuerpo, también conoce nuestras necesidades, pero está consciente de que Dios sabe bien lo que es bueno para nosotros y lo que nos perjudica, por eso sufre cuando nos rebelamos contra el Creador por no satisfacer prontamente nuestros deseos y necesidades.

Juzgarse a uno mismo antes de criticar a otro

Todos los espíritus tienen un lazo de unión entre ellos, pues son producto de la misma energía divina, por eso cuando una persona juzga a la ligera a otra, su propio espíritu se resiente pues sabe que está dañando al espíritu de la otra persona.

Uno no debe juzgar a otro sin antes juzgarse a sí mismo, pues es posible que aquello que es motivo de crítica en la otra persona, uno mismo lo posea, y quizás en mayor tamaño.

Cuando te sientas tentado a criticar a otro, vé hacia tu interior y pregúntale a tu espíritu si estás en posición de juzgar. Siempre te dirá que no porque no eres perfecto, porque es posible que tengas más defectos que esa persona.

Sonreír a los desconocidos

Al espíritu le gusta que sonriamos. La sonrisa tiene un efecto calmante, y cuando el cuerpo se calma, el espíritu se relaja también.

Además, cuando sonreímos a otras personas, de alguna manera las forzamos a sonreír también, lo cual, desde luego, su espíritu agradece.

En muchas ocasiones encontramos a personas en la calle que llevan en su rostro la marca de una preocupación. Cuando les sonreímos, por lo menos momentáneamente les hacemos olvidar su pena cuando nos devuelven la sonrisa.

Al sonreír, esas personas reciben un efecto positivo en su cuerpo, un efecto que va mucho más allá de olvidar por un momento lo que les preocupa. El efecto es también terapéutico.

No seas parco con tu sonrisa.

Pedir un milagro

A tu espíritu le gusta que tengas fe. La fe es su alimento. Cuando conscientemente creemos firmemente en algo, el espíritu se encarga de pedir a su Creador, de quien forma parte, que tu creencia se vuelva realidad.

Quizá se trate de una enfermedad, o de un problema de empleo o de una crisis económica de tu empresa. Cree en que existe una solución y que ésta se presentará. Pero cree firmemente, con toda tu fe, y tu espíritu se encargará de que el milagro se obre y tu problema se resuelva.

Los milagros existen y una prueba de ello es que estás vivo.

Quedarse con un poco de hambre al comer

El espíritu se fortalece con nuestros sacrificios. Esta es una verdad irrefutable. Los sacrificios nos preparan para la adversidad, cuando se requiere gran fortaleza espiritual.

Quedarse con un poco de hambre cuando comemos es, indudablemente, un sacrifico. Para muchos es un martirio, por tanto, su sacrifico es más valioso.

Aunque aún tengas hambre, evita comer postre, por ejemplo. Ahora bien, no es necesario que hagas esto todos los días. Puedes hacerlo dos veces por semana.

Si lo haces a diario, tu cuerpo se acostumbrará y dejará de ser un sacrifico.

Perdonar a Dios

Cuando ocurre una tragedia en nuestra vida, a veces culpamos a Dios; incluso le reclamamos, pues quizá le rogamos que evitara la calamidad: la salud de un ser querido, la protección en un viaje, etc. Pero a pesar de ello, la persona murió o sufrimos un accidente grave que quizá nos dejó inválidos.

No nos damos cuenta de que Dios no está para hacer todo lo que queramos. El tiene su voluntad, que es más poderosa que la nuestra, y si El juzga que algo, aunque nos parezca terrible, es bueno para nosotros, se cumplirá su voluntad.

Perdona a Dios por tus dificultades y pregunta a tu espíritu cómo puedes aprovecharlas para superarte. El espíritu te responderá muy contento, pues seguramente sufre mucho cuando estás en contra de Dios.

Escuchar el canto de las aves

A los oídos del espíritu, el trino de los pájaros es como el canto de Dios. Es su Poder expresado en las dulces notas que emiten las gargantas de las aves. Pero para escucharlas en todo su esplendor, debemos aislarlas de los demás sonidos, a menos de que sean los propios de la naturaleza, como los de la lluvia, el de un río, el del mar, el de los árboles mecidos por el viento. Todos esos sonidos se unen al canto de los pájaros para formar una melodía, una melodía que es bálsamo para el espíritu.

Deshacerse de lo que hace pecar

No me refiero únicamente a los pecados por desobediencia de los mandamientos de la ley de Dios. Existen otros tipos de pecados que son obstáculos para nuestro desarrollo y paz espiritual.

Algunos bienes materiales sólo nos sirven para volvernos más engreídos. No cumplen otra función. ¿Para qué conservarlos, pues?

También algunas de nuestras actitudes son altamente perjudiciales, para nosotros y para otras personas. Si son dañinas, ¿porqué no deshacernos de ellas?

Y muchos de nuestros hábitos lo son también: Pueden ser costumbres muy inmersas y difíciles de eliminar, pero si nos perjudican ¿porqué no intentar deshacernos de ellas?

Librarnos de todo lo que nos daña o daña a los demás, fortalece enormemente nuestro espíritu.

Llorar si se tiene deseo de hacerlo

Llora si tienes ganas de llorar.

El llanto reprimido oprime el espíritu. Llorar es una liberación espiritual. Evitar el llanto es por lo general una hemorragia de sentimientos interna que acaba por enfermar al alma. Aunque seas hombre, llora. El llanto no es privilegio de las mujeres. Es un don del ser humano que Dios le otorgó para que pueda liberarse de sentimientos esclavizantes.

Llorar de arrepentimiento tiene un efecto purificador del espíritu.

Deja que tus lágrimas laven tu espíritu, que quizá se encuentre manchado por todos tus desaciertos.

Inventar una oración

A tu espíritu le gusta comunicarse con Dios. Cuando utilizamos una oración formulada por otra persona, Dios la atiende indudablemente; pero cuando es una oración propia, muy personal, con nuestras propias palabras, con nuestra propia realidad, Dios seguramente le da un valor especial porque es una oración meditada, no la simple repetición de una fórmula, cuyas palabras tal vez ni comprendemos cabalmente.

Deja que tu espíritu te dicte cada oración que eleves a Dios. El conoce tus necesidades, tus inquietudes y también tus razones para estar agradecido con Dios, por eso puede crear la oración ideal.

Empaparse bajo la lluvia

A menos de que tengas una salud frágil, no te hará daño darte un buen remojón con la lluvia. Tu espíritu se alegrará, pues es el espíritu el que más reconoce el poder de Dios en la naturaleza.

Baila bajo la lluvia, levanta el rostro y deja que las gotas de agua te cieguen, que laven tu cara, que empapen tu cabello. Y ve la maravilla divina en cada gota que se estrella en tu cuerpo.

Deja que tu espíritu se regocije, porque en él aún habita ese niño que algún día fuiste.

Buscar la aprobación del espíritu antes de hacer algo

El espíritu es nuestra conciencia, es quien nos dice si estamos obrando bien, y también nos llama la atención cuando obramos mal.

Cuando tengas que decidir sobre algo o tomar una acción, pregúntale a tu espíritu cuál es el mejor camino a seguir. Te responderá por medio de la intuición o por medio de un sueño. Hazle caso, pues sólo él, como intermediario de Dios, sabe lo que es mejor para ti.

Un estado de relajación corporal nos predispone para comunicarnos con nuestro espíritu. Cuando tengas una decisión pendiente, relájate en un lugar aislado y, cuando lo logres, piensa en la decisión y pídele a tu espíritu que te ilumine para conocer la mejor opción.

Comprar la medicina de un pobre

En muchas ocasiones vemos que indigentes solicitan limosna para comprar medicina. Incluso muestran la receta.

Es posible que en realidad no necesiten la medicina y sólo utilicen su solicitud para conseguir limosna, porque crean que así suscitarán la compasión de las personas.

Pero asume que la persona que te pide para su medicina sí la necesita. Entonces, ve con ella a la farmacia y si te alcanza el dinero o puedes pagarla con tu tarjeta de crédito, cómprala. Tu espíritu te aplaudirá.

Ser auténtico

Durante nuestra vida tendemos a usar máscaras que nos permiten esconder lo que de veras somos, lo que de veras sentimos, lo que de veras deseamos.

Esas máscaras no nos permiten ser auténticos, y al no ser auténticos engañamos a otros y nos engañamos a nosotros mismos, y cuando no somos sinceros con nosotros mismos, debilitamos a nuestro espíritu, que clama por mostrarse como es a través de nuestro cuerpo, a través de nuestras acciones y nuestras actitudes hacia los demás.

Quien es auténtico es congruente. Sus actos corresponden con sus palabras. Predica con el ejemplo. Vive sus palabras. Nunca dice "Haz como digo, no como hago", porque actúa tal y como pide a otros actuar.

Evitar salirse con la suya

Los humanos parecemos estar en competencia permanente con los demás. Los más somos egoístas. Primero nosotros, enseguida nosotros, y al último los demás.

Siempre pretendemos ser los mejores. Creemos que nuestros pensamiento son superiores a los de nuestros semejantes. ¡Y qué decir de nuestros logros! Definitivamente superan los logros de los demás.

Estamos convencidos de que nuestras ideas producirán mejores resultados y por eso tratamos de imponerlas a los demás aunque al hacerlo los perjudiquemos.

Esa prepotencia lastima a nuestro espíritu, que es humilde por naturaleza. Cuando estés tentado a imponer tus ideas, a salirte con la tuya, piensa: “Y si la idea de la otra persona es mejor que la mía, ¿por qué no darle la oportunidad de probarla?

Acariciar un perro

Los animales tienen algún tipo de espíritu que no reconoce entre el bien y el mal, por eso no podemos decir que tienen conciencia, pero indudablemente son capaces de sentir emociones, como ha sido probado por la ciencia.

Cuando acariciamos un perro o un gato, o alguna otra mascota, nuestro espíritu se conecta de alguna manera con el espíritu elemental de ese ser vivo, por eso poseer una mascota puede ayudar a niños y a ancianos enfermos a recuperarse.

Los animales detectan también, por gracia de Dios, los problemas emocionales de las personas y parecen acercarse a ellas para consolarlas.

Dedicar tiempo a meditar

Dicen que la oración tiene por finalidad hablarle a Dios, y que la meditación da oportunidad para que Dios nos hable.

Encuentra por lo menos 10 minutos cada día para aislarte y meditar, que no es otra cosa que entrar en un estado contemplativo, de silencio físico y mental. Es como apagar la mente. Es abrir la puerta para que el espíritu deambule y hable en nombre de Dios.

Cuando uno prueba la meditación, difícilmente deja de practicarla frecuentemente. Se vuelve una necesidad espiritual porque permite al espíritu hablar con Dios sin interrupciones.

Recordar los sueños

Mientras dormimos, cuando el cuerpo descansa, el espíritu tiene oportunidad de manifestarse libremente, así que nos envía mensajes mediante los sueños.

En un sueño, el espíritu puede ayudarnos a resolver algún problema o bien darnos momentos de felicidad. Pero durante los sueños el espíritu compite con la mente subconsciente, que también trata de darnos mensajes, a veces muy inquietantes, en forma de pesadillas.

Por lo anterior, conviene, antes de dormir, mediante unos minutos de meditación, limpiar la mente de todas las preocupaciones y dejar que el espíritu se encargue de encontrar las soluciones.

Leer la biografía de un santo

No me refiero solamente a santos católicos. Ha habido santos en otras religiones. Personas que han entregado su vida al servicio de los demás. Personas que han llevado una vida recta, una vida sincera, una vida dedicada a hacer el bien a otras personas. Un ejemplo de santo no católico es Gandhi. La lectura de su vida puede enseñarnos a transitar por el camino de la espiritualidad.

Y, desde luego, la vida del santo de santos, Jesús, es todo un ejemplo de vida espiritual, una vida que nuestro espíritu desearía que viviéramos cada día.

Escribir la primera ocurrencia

Ten siempre a la mano una libreta o tarjetas de 7.5 × 12.5 centímetros, y escribe en ellas lo que primero venga a tu mente.

En muchas ocasiones nuestro espíritu quiere manifestarse, pero no puede porque nuestra mente está demasiado ocupada con los problemas cotidianos.

Cuando nos damos tiempo para escribir, el espíritu puede rodear la mente y mandarnos un mensaje que debemos escribir. Quizás ese mensaje no haga mucho sentido en el momento, pero más tarde, incluso días después, puede tener gran significado.

Que tu espíritu no te tome sin papel y lápiz.

Poner una meta que se pueda lograr hoy

Al espíritu le gustan los logros, por eso nos sentimos tan felices cada vez que alcanzamos una meta.

Asegúrate de que sí lograrás hoy el objetivo que te fijes. Pues si no lo haces, tu espíritu se afligirá y en vez de fotalecerse se debilitará.

Las metas deben ser dignas de tu grandeza, porque aunque tengas muchos defectos, eres grande. Esas debilidades que ahora tienes, esos defectos de carácter que te aprisionan en la mediocridad, fueron adquiridos después de nacer. Son productos de la forma como has ejercido tu libre albedrío y, desde luego, de lo que has recibido de tus padres y de la sociedad. Pero en esencia eres un ser maravilloso y tu espíritu quiere probártelo. Dale la oportunidad.

Aprender algo nuevo

Aprender no sólo es bueno para el cerebro, lo es también para el espíritu, por eso cuando uno aprende algo nuevo se siente una gran alegría.

La razón es que uno de los propósitos del espíritu es incitarnos al mejoramiento personal, y un medio de mejoramiento es precisamente el aprendizaje.

Hazle caso a tu espíritu y aprende algo nuevo cada día. Dedica un tiempo diariamente a tu preparación intelectual. No sólo ejercitarás tu cerebro, sino también tu espíritu.

Ayudar a los hijos en sus estudios

La caridad empieza en la casa. No importa cuán caritativo seas con otras personas o con extraños, si no muestras caridad a los miembros de tu familia, tu espíritu estará insatisfecho.

En el hogar hay muchas maneras de ser caritativo. Una de ellas es ayudar a los hijos con sus labores escolares. Es algo que necesitan de uno. La ayuda materna o paterna no sólo les da apoyo escolar, también les brinda apoyo emocional y espiritual.

Cuando ayudamos a nuestros hijos en cualquier cosa: tareas escolares, juegos, etc., se da una comunión entre nuestro espíritu y el de cada uno de ellos y todos se fortalecen.

Dar más de lo que se espera de uno

El espíritu es desprendido. Si estuviera libre de tu cuerpo sería bondad pura, generosidad plena.

Pero tú puedes satisfacer esa necesidad espiritual dando más de lo que se espera que des. Hacerlo tiene otra ventaja, pues no sólo satisfacerás una necesidad de tu espíritu, también recibirás una recompensa material o cuasimaterial por tus acciones.

Si en el trabajo das más de lo que tus jefes esperan de ti, tarde o temprano te será reconocido con mayor sueldo o con promociones a puestos mejores. En cualquier ámbito de tu vida ocurrirá lo mismo: Recibirás más de lo que esperas recibir.

Ambicionar ser mejor, no tener más

En esta era de consumismo desbocado cada vez se considera más exitosa a la persona que más tiene. En otras palabras, el éxito se mide en pesos, o en dólares, o en bolívares, o en soles.

"Si una persona se saca la lotería, automáticamente se convierte en exitosa", sería la conclusión obvia. Sin embargo, en Estados Unidos se ha probado que una buena parte de los ganadores en vez de aumentar su felicidad, pierden la poca o mucha que hayan tenido antes de obtener el premio.

Debemos volver a definir el éxito como debe ser: Un estado de felicidad generada por la paz interior de una persona.

La acumulación exagerada de riqueza no necesariamente produce paz interior, y mucho menos si se adquirió de manera corrupta.

La riqueza no es necesidad del espíritu, es una necesidad del ego.

Hacer primero lo que menos se quiere hacer

Hacerlo así fortalece el espíritu, pues le permite practicar la virtud de la laboriosidad y vencer a los sentidos, que siempre buscan las actividades más placenteras y rechazan lo que cuesta trabajo hacer.

Claro que es difícil. Tenemos la tendencia a comenzar con lo más fácil o lo que más nos agrada hacer, y dejamos al final lo que nos desagrada.

¿Qué tienes pendiente de hacer, que no hayas hecho porque te disgusta?

Deja de leer este libro y de inmediato ponte a hacer eso que detestas. Regresarás a la lectura con una sensación de gran satisfacción, pues tu espíritu se habrá fortalecido.

Leer un libro de cómics infantil

Pero que sea uno que no contenga violencia o antivalores. La idea es que te vuelvas a emocionar con las historias de tu niñez, pues tu espíritu sigue siendo niño.

Transpórtate mentalmente a tus tiempos de infancia y vuelve a ser niño. Déjate impresionar por los pequeños detalles y cosas que te impresionaban cuando eras apenas un pequeño, un ser que se maravillaba de todo porque todo era nuevo para él.

Confesar los pecados

Si eres católico, deberás confesarte con un sacerdote. No es fácil para quien anda cargando un contenedor repleto de pecados de todos tamaños. Pero es tan liberador.

Uno piensa que el sacerdote se va a sorprender por la magnitud de nuestros pecados. La verdad es que no. No importa qué le confieses, puedes estar seguro de que ha escuchado pecados peores que los tuyos.

Confesarse con un sacerdote sirve de freno para volver a caer. Lo más probable es que volvamos a hacerlo, pero quizá con menos frecuencia. Eso ya es ganancia.

Si tu religión no te obliga a confesarte con un ministro, confiésate internamente, pero con el firme propósito de no volver a cometer la falla.

La confesión es curación del espíritu, por eso después de hacerla uno se siente tan aliviado.

Dar una caminata

El cuerpo necesita liberarse de la tensión de la vida moderna porque cuando está estresado la mente se nubla y el espíritu no puede expresarse.

Caminar a solas en un estado meditativo, no solamente relaja al cuerpo sino que también despeja a la mente y permite al espíritu manifestarse libremente.

Si la caminata se hace en un lugar arbolado, mejor. Porque la contemplación de la naturaleza anima la contemplación del espíritu.

Ejercitar el cuerpo

Qué difícil es iniciar un programa de ejercicio; sin embargo, es tan necesario para la salud del cuerpo. Para el espíritu lo es también, pues le permite dominar al cuerpo y fortalecerse a sí mismo. En muchas ocasiones, ir al gimnasio o al club es un acto de sacrifico. Este acto es como vitaminas para el espíritu.

Para mí, empezar a ir al gimnasio representó un enorme sacrifico, pero después de una hora de ejercitar el cuerpo, la satisfacción mental y espiritual se volvieron notables y ya no quería dejar de hacerlo. Entonces intervenía el espíritu, que me indicaba que sería bueno hacer el sacrifico de irme a casa.

El ejercicio no es privilegio de los jóvenes y nunca se es demasiado viejo para ejercitar el cuerpo. Ayuda a todos a tener una vida más saludable.

Ser fiel a los principios

El espíritu es el asiento de los valores y los principios morales. Cuando una persona vive de acuerdo con los principios más elevados, le es fiel a su espíritu.

Los principios son como el faro que guía nuestra vida. Cuando no los seguimos, podemos naufragar y autodestruirnos.

Por lo general, cualquier desacato a nuestros principios tiene consecuencias funestas, no importa qué tan pequeño sea el desacato.

Determina los principios rectores de tu vida y síguelos fielmente. Te conducirán al éxito verdadero.

Aceptar los defectos propios

Nuestro ego no nos permite darnos cuenta de que somos imperfectos. No podemos aceptar que tenemos hábitos que nos dañan y dañan a otras personas. Nuestra prepotencia nos pone lentes muy obscuros que no nos dejan ver nuestras imperfecciones. Cuando aceptamos que las tenemos, el espíritu queda libre para ayudarnos a vencerlas.

Haz una lista de tus defectos. No digas que no los tienes, porque todos los tenemos. Si puedes probar que estás exento de defectos, puedes exigir que te coloquen en el nicho de una iglesia para que los fieles te veneren, pues sin duda eres un santo.

Controlar la ira

Quizá seas de "mecha corta", es decir, que sueles explotar por cualquier cosa. Cuando el umbral de la ira es muy bajo, da mucho trabajo controlarse. Pero cuando uno logra contenerse, el espíritu se fortalece, y en la siguiente ocasión en que se presente un motivo de enojo, el umbral ya es más alto y tarda uno mayor tiempo en encenderse.

Explotar rápidamente es un defecto de carácter y, como tal, está en nuestras manos, o más bien dicho, en nuestro espíritu, eliminarlo.

Pídele a Dios que te dé fuerzas para no dejarte llevar por tus impulsos de ira. El reforzará tu espíritu para que te ayude a controlarte.

Aspirar el aroma de una flor y reconocer el Poder que la creó

El espíritu se maravilla cuando descubre en la naturaleza el Poder de Dios. Algo tan pequeño y tan frágil como una flor lleva impreso en cada pétalo el profundo amor que Dios tiene a sus criaturas.

Es maravilloso ver la variedad de formas y colores de las flores. Dios las creó para solazarnos, para admirarnos, para que reconozcamos lo mucho que nos ama.

Todo el universo fue creado para dar sustento a la vida humana, para dar felicidad al hombre. El paraíso terrenal aún existe, si sabemos verlo con los ojos del espíritu.

Amar sin condiciones

Parece que en estos días el amor también está en venta. “Te doy amor a cambio de...” En el hogar le decimos al hijo: “Si te portas bien, te quiero; si no, no te quiero”, por dar un ejemplo cotidiano. Ahora tenemos amor por trueque. Pero el espíritu, que es amor de la más alta calidad, desea entregarlo sin ninguna condición, sin esperar nada a cambio. Amor por el amor mismo. Pero nuestra mente, que es tan racional, lo usa como medio de chantaje.

Si puedes, en este momento acércate a tus seres queridos y a cada uno dile que lo amas sin importar como sea él; sin importar si te quiere también.

Ama, simplemente porque tu espíritu es amor.

Abstenerse de hacer algo que se disfruta mucho

El cuerpo es insaciable. Quiere comer más, beber hasta ahogarse, extasiarse en la sensualidad; siempre quiere más y más de lo que lo satisface.

Sólo la templanza domina al cuerpo y fortalece el espíritu, por eso una persona que desea trascender debe practicar la templanza frecuentemente.

¿Quieres ir hoy al cine, que te gusta tanto? Sacrifícate, y en vez de ir a ver una película, quédate en casa a leer un buen libro. Si puedes, aplaza la asistencia al cine para mañana, o mejor, para la semana próxima, pues dos días de sacrificio seguidos refuerzan más el espíritu.

Contemplar un Cristo

Observar detenidamente una cruz con Jesús pendiendo de ella y pensar en todo lo que sufrió por nosotros, nos conecta con nuestro espíritu , el cual se manifiesta en la ternura y gratitud que sentimos por el sacrifico que Cristo estuvo dispuesto a hacer por nuestra salvación.

Trae siempre contigo en tu cartera un Cristo pequeño, y cuando te sientas desolado por tus problemas, sácalo y contémplalo. Verás que muy pronto tus dificultades ya no parecerán tan grandes.

Pedirle a Dios por los enemigos

Este es un acto de caridad que pocos se atreven a hacer. Sólo un espíritu fuerte es capaz de encomendar a Dios el bienestar de quienes lo persiguen, pues sabe que haciéndolo vencerá la enemistad que le tienen.

No importa cuánto mal te hayan infligido tus enemigos, pide a Dios que los ayude y que te proteja de sus malas intenciones hacia ti. Pero ante todo, pídele que reconsideren la mala voluntad que te tienen, para convertirla, sino en buena voluntad, por lo menos en voluntad indiferente con el fin de que no te hagan daño.

Aceptar a las personas como son

Por lo general, queremos que las personas se adapten a nuestros gustos. No aceptamos que sean de manera diferente de cómo nosotros deseamos que sean.

Esa falta de consideración es producto de nuestro egoísmo, de creer que nuestra realidad es la verdadera y de que los que no piensen como nosotros están mal.

Nuestro espíritu no es egoísta. Nuestra mente sí puede serlo. El espíritu es un ente armónico con todos los demás espíritus, por eso cuando aceptamos a los demás tal y como son, nuestro espíritu se fortalece.

Tener un encuentro a solas con uno mismo

El ruido externo no nos permite escuchar la voz interior. Las ocupaciones cotidianas tampoco nos lo permiten. Por eso debemos buscar momentos de aislamiento espiritual en los que miremos hacia dentro de nosotros y escuchemos lo que la voz del espíritu tiene que decirnos.

A veces es muy difícil encontrarnos con nosotros mismos, porque nuestras acciones no han sido rectas, lo cual ha generado remordimiento y temor de enfrentarnos con la verdad. Preferimos permanecer anclados en nuestro mundo exterior, pues sabemos que si volvemos el rostro hacia el interior, nuestra conciencia nos reprenderá.

Recordar un momento feliz de la vida

Entre tantos problemas en que vivimos, no procuramos recordar aquellos instantes en que nuestro espíritu saltó de felicidad.

Tal vez al leer esto te encuentres agobiado por alguna adversidad; no obstante, trata de recordar algún momento de gozo, no importa que haya ocurrido hace mucho tiempo, no importa que ese lejano instante haya sido el último momento feliz que hayas tenido en tu vida.

Recréalo en tu mente y siente la emoción y alegría que sentiste en esa ocasión. Verás que tus problemas actuales ya no parecerán tan importantes.

Decir "gracias" sin importar el tamaño del favor

A veces nos sentimos tan merecedores de recibir una atención de los demás, que si alguien tiene una pequeña con nosotros —como abrimos la puerta— no consideramos justificado agradecérselo. El espíritu clama por gratitud, por eso debemos agradecer hasta el más mínimo favor.

Ser agradecido en lo pequeño nos prepara para ser receptores de grandes cosas: dones, regalos, autoridad, etc. Uno nunca sabe cuándo una muestra de gratitud por un humilde favor recibido resultará en un gran favor posterior.

Acostúmbrate a decir gracias a todo mundo. Hay quienes incluso dicen "gracias" a quienes los insultan, porque de alguna manera les hacen el favor de hacerles notar sus defectos.

Ayunar durante 24 horas

El ayuno no sólo es un acto de fortaleza espiritual, también sirve para desintoxicar el cuerpo.

Con tanta basura que ingerimos, no es de extrañar que nuestros conductos vitales como las arterias y los intestinos esten embarrados de porquería en su interior. El ayuno nos sirve para limpiarlos.

Pero lo más importante de esta práctica es fortalecer el espíritu venciendo uno de los sentidos, el del gusto.

Si venías planeando ir a comer a un lugar que te encanta, el próximo sábado o domingo, ¿por qué no ayunas ese día?

Jugar con los niños

Tu espíritu tiene la inocencia de un niño.

Cuando uno juega con niños, vuelve a ser como niño. Si realmente uno se concentra, como que la mente evoca los recuerdos de la infancia. En realidad es el espíritu el que se encarga de traer esas memorias a la mente, porque quisiera que las personas a las que da vida, recuperaran la inocencia que perdieron al crecer.

Tener alma de niño debiera ser nuestro propósito. Seríamos más felices durante más tiempo, porque el espíritu tendría más influencia en nuestra vida.

Resistir las tentaciones de la carne

Nuestro cuerpo es como un potro desbocado al que es necesario jalarle las riendas.

Cuando cedemos a los impulsos sensuales fuera del matrimonio, debilitamos al espíritu. Esa debilidad espiritual nos causa problemas más adelante. Y entonces preguntamos ¿por qué no tuve la fuerza para...? cuando caemos en adicciones como el alcoholismo o la farmacodependencia.

Está comprobado que las personas promiscuas tienen más problemas matrimoniales que las que llegan puras al matrimonio.

Las personas que no tienen relaciones sexuales fuera del matrimonio son también más triunfadoras, en el sentido amplio de la palabra, que las que dan rienda suelta a sus sentidos.

Permanecer callado ante una ofensa

Este es un ejercicio para el espíritu, que lo vuelve más fuerte, porque qué difícil es mantener la boca cerrada cuando alguien nos insulta o nos dice algo que no nos gusta. El primer impulso es contestar de inmediato y con toda la virulencia que podemos emplear. Pero si en vez de hacerlo, nos quedamos callados y con los ojos le decimos a nuestro atacante: "Te perdono", podemos desconcertarlo a tal grado que se dé la vuelta y se vaya. Esto puede ocurrir si él o ella está acostumbrado a nuestra respuesta violenta.

Desarmar así a un agresor verbal no sólo es bueno para el espíritu, sino también para el ego.

Ceder el paso a un perro

Los perros también son criaturas de Dios y, por lo tanto, tienen derechos, entre ellos, el derecho de libre circulación.

Con frecuencia, nosotros, como seres prepotentes que somos, al saber que somos los favoritos de Dios, hacemos menos a los demás y los maltratamos. Si un perro viene en nuestro camino, no sólo no le cedemos el paso, sino que incluso le damos un puntapié o lo ahuyentamos con algún objeto —a menos de que sea un perro imponente que nos inspire miedo—, en cuyo caso le cedemos toda la banqueta.

Evitar quejarse

Como están las cosas en el mundo, tenemos muchas razones para quejarnos. Sin embargo, resistir el impulso de hacerlo nos vuelve más fuertes espiritualmente. Y más aún si tomamos lo que nos aqueja como una prueba de nuestra fortaleza y paciencia.

También es cierto que en más de una ocasión nos quejamos sin razón alguna. En esos casos, el hábito de quejarse sin razón es un defecto de carácter que debemos superar rápidamente para evitar que se convierta en un obstáculo en nuestro camino al éxito.

Apadrinar a un niño huérfano

Existen muchas casas hogar de huérfanos. Por desgracia, en algunas los maltratan, pues los organizadores no tienen vocación de caridad. Posiblemente las instalaron más que nada para tener un *modus vivendi,* para tener una fuente de ingresos.

Pero muchas, la mayoría, creo, son dirigidas por personas con caridad cristiana, y requieren de la ayuda altruista de personas de buena voluntad para sostenerlas.

Visita una de esas casas y elige un niño para hacerlo tu ahijado, y ve a verlo con frecuencia y llévale algún regalo y, desde luego, ofrece un donativo a la institución.

Examinar la conciencia antes de dormir

El ser humano debe conocerse bien, tanto en sus cualidades como en sus defectos, para poder aspirar al aprovechamiento pleno de su potencial. En el examen personal, el espíritu puede ayudarnos a enmendar el camino y a perfeccionar nuestras fortalezas.

Dedica cinco minutos antes de dormir a revisar cómo aprovechaste el día, qué aciertos tuviste, cuáles fueron tus fallas, qué hubieras hecho de manera diferente, qué tanto mejoraste como ser humano, quién resultó afectado por tu conducta y tus acciones. Si encuentras muchas fallas en tu día, no te sientas mal, simplemente propónte enmendarlas lo más pronto posible.

Haz esto todas las noches y notarás que dormirás mejor.

Ser humilde

La humildad es una de las virtudes más difíciles de lograr. La mente y el cuerpo conspiran para volvernos prepotentes, engreídos, autosuficientes y otras linduras, pero si ahora estás leyendo este libro es porque tu mente no está del todo satisfecha y tiene el gusanito de liberar al espíritu de su mazmorra, donde quizás ha estado prisionero mucho tiempo.

O quizás algo serio ocurrió en tu vida que te ha hecho reflexionar y desear darle un giro a tu vida.

Ser humilde significa reconocer las propias debilidades y no presumir de los logros y habilidades. Se dice fácil, pero qué difícil es hacerlo. Nuestra tendencia es presumir todo lo que tenemos: nuestro poder, nuestro puesto, lo que hemos logrado. A veces se nos bajan los humos recordando que siempre hay alguien que es superior a nosotros.

Ayudar a una persona necesitada pero sin que sepa quién la ayudó

A veces damos limosna deseando que todo el mundo se entere. Si la damos de manera incógnita el ego se hace a un lado y permite que el espíritu se demuestre plenamente en ese acto de caridad.

Como decía San Mateo: "Cuando hicieres una limosna, no quieras publicarla con trompeta". Dios te ve, tú espíritu te ve. Es todo lo que necesitas.

Quienes dan para que se les conozca como personas altruistas, no están dando a cambio de nada; están comprando fama.

Trabajar una hora más cada semana

Esa pequeña adición de tiempo a la jornada de trabajo semanal, que representa un sacrifico, no sólo fortalecerá tu espíritu, sino que también te ayudará a progresar más rápidamente en el trabajo.

Pareciera que aquí hay un motivo egoísta, pero la verdad es que las personas espirituales tienden a tener más éxito que las que no se preocupan por la salud de su espíritu.

Claro, el éxito del que hablo no se refiere a lo material, sino a la vida equilibrada que produce paz interior.

Una persona espiritual puede tener muchos bienes materiales si quiere; muchas son inmensamente ricas, pero la mayoría prefiere atesorar bienes espirituales, que no fallan en brindar paz interior.

Contemplar en un niño la presencia de Dios.

Dios está en todas partes, pero parece manifestarse con más apertura en los niños, especialmente en los bebés. Observar a un niño es observar la obra de Dios en plena acción. Nos hace preguntarnos si no sería mejor conservar la inocencia a cambio de perder el libre albedrío.

Cuando usamos mal nuestra libertad, nos alejamos de la sentencia de Cristo: Sed como niños.

Pero no queramos ser como niños sólo para eludir nuestras responsabilidades de adulto. Seamos como niños en el sentido espiritual, es decir, viviendo una vida recta, una vida sincera.

Ser, antes que tener

Ser persona es mucho más importante que tener muchos bienes materiales.

Quien primero busca SER y lo logra, lo material pasa a ocupar un lugar muy secundario.

SER es permitir que el espíritu mande en nuestra vida. El cuerpo y la mente se subordinan al propósito del espíritu, que es lograr que la persona viva una vida recta, que sea íntegra, auténtica y que aproveche al máximo su potencial para que se supere y ayude a otros a superarse.

Dar gracias a Dios

O al Poder Superior o como queramos llamarle. Hemos recibido de El muchas cosas buenas, la vida principalmente. Y nos ha dado libertad para hacer con nuestra vida lo que queramos. Si ésta es un caos, se debe a que hemos hecho mal uso de esa libertad. A que no hemos sabido utilizarla para superarnos, para aprovechar al máximo nuestro potencial.

Dios quiere que seamos felices, que es la verdadera medida del éxito, pero también desea que nosotros mismos elijamos el sendero del triunfo. Si nos equivocamos, es nuestra culpa, no culpa de Dios.

Guardar los secretos de otros

Por inclinación humana, muchas personas no son capaces de guardar un secreto confiado a ellas por alguien que les tiene mucha confianza. Más tardan en conocer el secreto que en salir a contarlo a medio mundo, sin considerar el daño que le causen a quien confió en ellas.

No guardar un secreto es una muestra de debilidad espiritual. Esta debilidad puede resolverse simplemente absteniéndose de divulgar el secreto. Toma voluntad, pero todo acto que refuerce la espiritualidad necesita el poder de la voluntad.

Saludar a los desconocidos

Decir "Buenos días" o "¿Cómo está? A un desconocido, no sólo levanta el espíritu de quien lo dice, sino que también levanta el de la persona a quien se saluda, pues hoy el individualismo predomina en todas partes, especialmente en las grandes urbes donde pareciera que las personas son enemigas que buscan sobrevivir en un mundo de carencias. Así que cuando una persona es saludada por alguien a quien no conoce, piensa que, después de todo, hay otros seres humanos fuera de él y de su familia que le desean bienestar.

Volver a ver una foto de uno

Cuando uno ve una foto que le tomaron hace muchos años se alegra el espíritu, pues por lo general, las fotos se toman en ocasiones felices: en una boda o en otra ceremonia, en unas vacaciones, en una reunión familiar, etc.

Recordar esos momentos nos produce felicidad, y es una distracción de los problemas que nos aquejan actualmente.

No es mala idea traer consigo una foto de un momento muy feliz, para contemplarla cuando uno se siente triste.

La historia de nuestra vida, incluso su parte oscura, encierra una lección importante. Los momentos felices, así como los tristes, han formado nuestra identidad actual, pero los momentos de pena hay que enterrarlos después de tomarles su lección. Los momentos felices hay que atesorarlos.

Hacer lo que la familia desea

Quizá tengas ganas de ver el basquetbol en la tele esta noche, pero tu familia desea ir al cine. Haz un sacrificio y ve con ellos al cine. Tu espíritu te lo agradecerá y también tu familia, desde luego.

Tu espíritu se fortalecerá porque te habrás vencido a ti mismo. No hay victoria más dulce que la victoria sobre uno mismo.

Seguramente habrá otras cosas que te encanta hacer en un momento dado, pero si tu familia desea hacer algo diferente en ese momento, dale prioridad a los gustos de tu familia. Ya te repondrás en otra ocasión.

Repasar un día

Además de hacer tu examen de conciencia, que es más crítico, conviene que hagas un repaso de todo lo que hiciste durante el día. ¿En qué ocupaste la mayor parte de tu tiempo? ¿Qué te salió bien? ¿Qué te salió mal? ¿Qué hubieras hecho de manera diferente? ¿Cómo pudiste haber ocupado mejor tu tiempo?

Repasar lo que hacemos durante el día cada día, nos enseña a hacer mejor uso de nuestro tiempo y eso fortalece el espíritu, pues uno de sus propósitos es ayudarnos a aprovechar mejor nuestra vida en la tierra mientras estamos vivos.

No dejes pasar ni un solo día sin saber qué hiciste con esas horas en que estuviste despierto.

Asistir a un retiro espiritual

Esta es la manera más rápida para que el espíritu practique. Es como ir a un club donde uno puede nadar, jugar tenis o futbol, levantar pesas, hacer aeróbics.

Como uno de los propósitos de los retiros espirituales es tener un encuentro consigo mismo, libre de las distracciones mundanas, el espíritu se pone en contacto con la mente e incluso con el cuerpo, y nos habla como intérprete fiel de Dios para invitarnos a enmendar nuestra vida.

Expresar al amor verbalmente

Muchas veces por pena o por "machismo" o por dignidad mal entendida, nos abstenemos de decirles "te quiero" a quienes amamos. Tal vez demostramos nuestro amor de otra manera, pero nuestra gente quiere que se lo expresemos con palabras.

El espíritu desea manifestar su amor abiertamente, sin disfraces, sin rodeos. Dale ese gusto y lo fortalecerás.

Hoy comienza la costumbre de decirle "te quiero" a tu cónyuge y a tus hijos todos los días. Si no solías hacerlo, se sorprenderán, pero pronto se darán cuenta de que lo necesitaban y empezarán a manifestarte su amor más explícitamente.

Que no pase un solo día sin que digas a tus seres queridos: "te quiero".

Comer lo que no le gusta a uno

Los sacrificios fortalecen el espíritu. En algunas ocasiones es buen ejercicio para el espíritu comer algo que a uno le disgusta.

Muchos padecemos del Síndrome de Mafalda. Hay muchos platillos que simplemente consideramos incomibles, por eso, al comerlos, estaremos fortaleciendo el espíritu y, ¿quién sabe?, podrían empezar a gustarnos.

Una vez por semana, elige para comer un platillo que no sea de tu agrado y cómelo. Pero procura que sea algo saludable. Tal vez una verdura o una sopa que detestas.

Los grandes atletas hacen muchos sacrificios para lograr medallas de oro. Las personas triunfadoras en otros aspectos de la vida también se sacrifican para trascender.

Ser tolerante cuando la falta no sea intencional

Con frecuencia nos encendemos cuando alguien de nuestra familia o nuestro trabajo comete un error. La ira nos domina sin importar cuál haya sido la causa de la falta. No alcanzamos a comprender que es muy probable que la persona haya tenido la intención de hacer bien lo que le salió mal. Simplemente nos enojamos y castigamos, a veces sólo verbalmente, a veces verbal y físicamente.

Tolerar la falta ante la buena intención del ofensor, nos permite dominar nuestro carácter, y al hacerlo fortalecemos el espíritu.

Tolerar no significa abandonar la responsabilidad. Si una persona hizo mal algo, deberá repetirlo hasta que le salga bien.

Reconocer la vulnerabilidad

Por muy importante que te creas, eres demasiado frágil. Un accidente, por ejemplo, puede acabar con tu vida y, de paso con tu importancia.

Reconocer que somos frágiles, vulnerables, fortalece el espíritu pues le damos la importancia que tiene por ser inmortal, a diferencia del cuerpo, que es fácilmente destructible.

Date cuenta de que entre tantas calamidades que azotan la tierra: terremotos, erupciones volcánicas, incendios, inundaciones, accidentes automovilísticos y aéreos, violencia, delincuencia, aún te mantienes vivo.

Confiar a Dios las preocupaciones

A veces, quizá demasiadas veces, la mente se angustia por la enorme carga de problemas que en un momento dado tiene sobre sus hombros.

Pero esa angustia le cierra las puertas al espíritu, que quiere ayudar, y que puede hacerlo porque sabe bien que con la providencia divina todo puede ser resuelto.

Cuando la mente se abre a esa posibilidad a través de la fe, la solución a los problemas puede presentarse de manera misteriosa. Cuando menos lo esperamos la fuente de las preocupaciones desaparece.

La curación espiritual es un hecho comprobado. Un curador espiritual puede sanar a una persona aunque ésta no tenga fe.

Humillarse ante el Creador

Reconocer lo pequeño que somos ante la inmensidad de Dios es una manera de permitir que el espíritu se reanime, pues ¿qué niño no se alegra ante la presencia de su padre amoroso?

Somos tan pequeños ante la inmensidad del universo y, sin embargo, somos tan prepotentes, tan altaneros, tanto que incluso a veces negamos la existencia de Dios. Como que decimos: "El ser humano se creó solo y, por tanto, el universo nos debe pleitesía, porque solos hemos logrado maravillas".

Quienes piensan así, debieran mirar a la naturaleza diezmada y hacia los millones de pobres que viven igual que antes de los grandes descubrimientos e inventos.

Nuestra soberbia está llevándonos a la autodestrucción, y no nos damos cuenta.

Ser puntual siempre

La puntualidad es un acto de honestidad. Quien no es puntual roba el tiempo de las demás personas y es, por tanto, una persona deshonesta.

La puntualidad es para muchos un sacrificio. Tienen tan arraigado el mal hábito de la impuntualidad, que les cuesta mucho trabajo llegar a tiempo a sus citas.

Como la puntualidad representa una virtud, la honestidad, y también un sacrificio, fortalece el espíritu de quien la practica regularmente.

Siempre es una virtud, pero deja de ser un sacrificio cuando se convierte en costumbre. Mas sacrificio o no, el espíritu la valora ampliamente.

Hacer una lista de nuestras cualidades

Tus cualidades y virtudes son un regalo de Dios. Tus defectos son la basura que has recogido por la vida. A veces es basura que tus propios padres te han dado, inconscientemente la mayoría de las veces, pero que representan una pesada carga para ti.

Cuando hacemos inventario de nuestras cualidades, reconocemos la importancia de nuestro espíritu, pues al fin y al cabo, el espíritu es el asiento de todas las virtudes.

Haz a un lado la autocensura y sinceramente prepara la lista de los aspectos buenos que posees. No seas parco, tienes más cualidades de las que crees. Busca esos pequeños detalles de tu personalidad. Pueden ser cualidades en potencia esperando que las desarrolles.

Conocerse a uno mismo

Pocas personas temen conocerse, quizá porque no están contentas con su conducta usual. Creen que si ven hacia su interior van a encontrar algo que no les gustará. No se dan cuenta de que ver al interior de uno mismo tiene un efecto liberador, pues el espíritu del que actúa negativamente está aprisionado por los lastres del pasado de la persona. Los traumas, los fondos emocionales, son cargas pesadísimas que pueden desaparecer simplemente reconociendo que están allí, en el fondo de nuestro interior.

Cuando uno se da cuenta al mirar hacia dentro que esos lastres están aprisionando el espíritu, es cuestión de querer para que éste quede libre.

Hacer un plan para cada día

Saber en qué vamos a ocupar las siguientes horas del día es un buen ejercicio espiritual, pues el espíritu busca optimizar nuestra vida.

No empieces tu día sin saber qué vas a hacer en los diferentes bloques de tiempo que tendrás disponibles hasta el momento de dormir.

Aprovechar el tiempo es una manera de aprovechar nuestro potencial. Desaprovecharlo es morir un poquito, es tirar a la basura un puñado de vida.

Existen en el mercado muchas agendas que puedes utilizar para planear tus actividades diarias. Las mejores contienen horarios para citas, espacios para escribir las actividades prioritarias y para anotar los hechos importantes de cada día.

No criticar a persona alguna

Criticar a las personas enferma al espíritu, que es todo amor. Pero a veces, cuando uno está tan acostumbrado a hablar mal de otros, es tan difícil aguantarse de hacerlo. Con mucha frecuencia es tan natural en nosotros criticar a alguna persona, que no importa de qué se está hablando de ella en alguna reunión, de inmediato sale a relucir nuestra crítica.

Alabar a una persona en vez de criticarla, aunque se sienta el impulso de despedazarla con nuestras palabras, fortalece el espíritu y le ayuda a predominar sobre el hábito malo, que no sólo daña a la persona criticada, sino también a nosotros, pues tarde o temprano la gente empieza a conocernos, justamente, por criticones.

Liberar a una ave

Una ave recién capturada está ávida de libertad, igual que nuestro espíritu. Cuando veas un pajarero en la calle, compra uno de sus pájaros, no tiene que ser caro. Luego lleva la ave a una zona arbolada, al campo de preferencia, y déjala ir para que vuele a su libertad.

Liberar una ave es un ritual muy representativo, pues es un homenaje a la libertad.

Si bien es cierto que Dios creo el universo con el fin de darle sustento al ser humano, también es cierto que no tenemos derecho a tener en cautiverio a las criaturas que por naturaleza son libres.

Decir la verdad aunque duela

Es tan fácil mentir. El problema es que las mentiras que digas te van a cobrar caro cuando menos lo esperes.

Decir siempre la verdad, aunque ello signifique pasar un mal rato, es una práctica que fortalece al espíritu. Como dice el refrán: "Más vale una colorada que cien descoloridas". Es decir, es menos penoso sentir vergüenza una vez al admitir una falla, que luego pasar las de Caín cuando a uno lo descubran en la mentira.

Cuando uno se acostumbra a decir siempre la verdad, se vuelve más fiable ante los ojos de los demás y esto tiene grandes beneficios en la vida.

Como puedes inferir, lo que es bueno para el espíritu es bueno también para tener éxito personal.

Cancelar una deuda a alguna persona

Si alguien te debe dinero y no tiene para pagarte, y la deuda no es tan grande como para causarte un colapso financiero, condónasela. Este es un acto de bondad que tu espíritu agradecerá profundamente porque el espíritu es bondad pura.

Pero una vez que lo hayas hecho, no andes por ahí anunciando a todo el mundo lo bueno que eres.

Que tu buena acción quede entre ti y el deudor solamente. De preferencia, pídele que a nadie le cuente lo que has hecho por él, pues no necesitas del reconocimiento de los demás. Dios, tu deudor y tu espíritu han tomado nota de tu buena acción.

Escribir una carta a Dios

Tenemos tantas razones para estar agradecidos con Dios, pero también tenemos mucho que pedirle.

Escribirle una carta de agradecimiento por todo lo que nos ha dado, y de petición por todo lo que nos hace falta para tener paz interior, es una buena manera de permitir expresarse al espíritu.

En la oración decimos lo que sentimos, muchas veces sin reflexionar acerca de lo que decimos. En la carta, podemos meditar acerca de cada palabra y también agregar cosas que a veces no recordamos al orar, pero que son importantes para nuestro bienestar o para el bienestar de nuestros seres queridos.

Sincronizarse con cada momento

Cada instante de nuestra vida fue creado para vivirlo plenamente. Nuestro espíritu espera que así sea. Cuando en lugar de vivir el momento nos ponemos a pensar en el futuro o a recordar el pasado, perdemos la oportunidad de disfrutar ese minuto que Dios nos dio para vivirlo.

Es posible que en un momento dado nuestra situación física o emocional no se encuentre en las mejores condiciones, pero aun entonces es posible reconocer su valor. Si estamos enfermos, podemos aprovechar cada instante de nuestro malestar para pedir a Dios por nuestra salud o incluso, para ofrecer nuestra enfermedad como sacrificio.

Abrazar un árbol

Puede uno parecer loquito cuando abraza un árbol, pero ¿qué importa? Un árbol es una de las maravillas de la naturaleza, que desempeña un papel mucho más importante que el de ser un objeto decorativo del planeta y de producir serenidad al contemplarlo. Los árboles son el pulmón de la tierra. Son seres creados por Dios para ayudarnos a seguir vivos. Creo que reconocer su valía y sentirlos cerca alegra y fortalece el espíritu. Así que, aunque te llamen "loco", abraza un árbol siempre que puedas y dale gracias a Dios porque lo puso en el lugar justo donde lo necesitas.

Florecer donde uno ha sido plantado

Muchas personas culpan a la suerte de sus problemas y fracasos. Aseguran que si no fuera por su mala suerte serían triunfadoras.

Creen firmemente que si hubieran nacido en otra parte, de padres diferentes y en otro tiempo, seguramente tendrían mucho éxito.

Esas personas lastiman a su espíritu, quien sabe bien que la persona en la que habita nació donde debía nacer y que, además, nació con el potencial para ser lo que quiera ser.

No importa cuáles sean tus circunstancias, debes florecer donde estés plantado, porque puedes hacerlo si te concentras en ello en vez de estar añorando estar plantado en otra parte.

Crece y da tus mejores flores allí en ese pedacito de tierra que te tocó. Cuando hayas crecido y florecido, muy posiblemente te ganarás el derecho de ser replantado en un sitio mejor.

Regalar un elogio a alguna persona

Aunque te caiga mal una persona, busca qué elogiarle y hazlo, pero trata de parecer sincero, si no, el efecto será peor.

Es muy difícil, pero tiene un impacto poderoso sobre el espíritu, pues éste fue creado para la bondad, para la compasión, para servir a los demás.

Elogiar a una persona cuando ésta se siente desalentada, es como un masaje a su espíritu. Después del elogio, lo más probable es que se sienta mejor.

Ser voluntario en una institución de caridad

Muchas organizaciones caritativas tienen carencia de personal, principalmente porque no pueden tener empleados con sueldo, por eso recurren a la buena voluntad de personas que altruistamente, con sentido de caridad, dan su tiempo para realizar labores que son necesarias en la institución.

Pero cede tu tiempo porque tu espíritu te lo pide, no porque sientes remordimiento por lo mucho que tienes. La caridad debe ser espontánea, incondicional. Da porque puedes dar, así como la rosa exhala su perfume. Cuando te moleste dar, recuerda las palabras de la Madre Teresa: “Da hasta que te duela”.

Contemplar la salida del sol

El sol es vida y el espíritu es la manifestación de la vida, por eso cuando vemos al astro rey salir cada mañana con precisión única, nos sentimos maravillados, porque maravillado se siente el espíritu al contemplar una de las grandes obras de su creador.

Observar el amanecer es un ejercicio que el espíritu debiera realizar cada mañana, pues al hacerlo se llena de energía junto con el cuerpo y la mente.

Algunas religiones orientales dan al sol un papel preponderante en su desarrollo espiritual.

Deshacerse de lo que no se necesite

Ricos y pobres tienen la tendencia a acumular cosas, muchas de las cuales no son necesarias. Es como si buscaran seguridad en las posesiones materiales.

El espíritu se debilita cuando decidimos adquirir algo que no nos dejará nada, algo que no contribuirá a nuestra verdadera felicidad, a nuestro bienestar o a nuestra paz interior. Acumular bienes es como si le quitáramos al espíritu la facultad para hacernos sentir bien por nosotros mismos.

Revisa cada rincón de tu casa, localiza todo lo que realmente no uses, y si no es basura y alguien puede aprovecharlo, regálalo a alguien que realmente lo necesite.

Perdonar a quienes nos hayan hecho daño

Perdonar. ¡Qué difícil!, especialmente cuando el daño ha sido grande. Pero perdonar es una de las actividades que Dios comparte con nosotros.

El perdón es más poderoso cuando más grande es la ofensa que se perdona. Y más somos como Dios cuando más grande es nuestro perdón.

El espíritu siempre está presto a perdonar; es nuestro ego el que se resiste. Pero cuando el espíritu vence a ese Yo, se fortalece y se prepara para ayudarnos a perdonar cuantas veces sea necesario.

Pero tu perdón debe ser sincero. Quizá nunca olvides la ofensa, pero si perdonas de corazón, recordarla ya no te hará daño.

Hacer algo que nos divierte sanamente

Pasamos demasiado tiempo lamentándonos de nuestros problemas. Es la peor manera de desperdiciar los preciados minutos de nuestra vida. Y el problema es que al hacerlo entristecemos a nuestro espíritu.

Un antídoto para las preocupaciones es ponernos a hacer algo que nos divierta, siempre y cuando no sea algo que nos dañe espiritualmente. Jugar un juego de video donde predomine la violencia, en vez de ayudarnos a resolver nuestros problemas, los agrava.

Jugar ajedrez contra la computadora puede ser un buen ejercicio. O ir a algún parque de diversiones y subirse al carrusel, o la montaña rusa si no nos aterran las alturas y las caídas libres.

Cualquier actividad divertida sana alegra al espíritu y, por lo tanto, lo fortalecerá.

Agradecer a Dios por lo que uno tiene

Aun si tienes poco, agradécelo. Sin la ayuda de El quizá no tendrías nada.

Tendemos a ser malagradecidos. Nunca estamos contentos con lo que tenemos. Como que estamos esperando tener todo lo que deseamos para agradecérselo.

Pero el espíritu sí es agradecido. El da gracias a su Creador hasta por lo más pequeño que de El ha recibido.

Cuando nuestra mente ingrata se decide a agradecer a Dios por lo que como persona tiene, el espíritu se llena de gozo y como que lo sentimos en el cuerpo. Como que fluye una alegría indescriptible por todo nuestro ser.

Lavar los platos después de comer

Si tu responsabilidad no es lavar los platos, pero lo haces de todos modos, no sólo tu madre o tu cónyuge te lo agradecerá, sino también tu espíritu, que está ávido de actos de bondad, de consideración por los demás.

El espíritu se alimenta de amor y bondad. El día que no hacemos algún acto de amor o bondad, que de hecho pueden considerarse como sinónimos, el espíritu se debilita.

Hacer en la casa lo que por costumbre no haces, como tender la cama, limpiar, hacer reparaciones y, desde luego, lavar los platos, que es una de las tareas más odiadas, fortalece enormemente tu espíritu, no sólo por el sacrificio que representa, sino también porque ayudar a tu cónyuge o a tu madre es un acto de generosidad.

Sonreír aunque se tenga ganas de llorar

Así como llorar es bueno para el espíritu, sonreír ante la adversidad lo es también. La sonrisa tiene un efecto terapéutico en el cuerpo, en la mente y en el espíritu.

Sonreír sirve también para destensar el cuerpo, y cuando el cuerpo está relajado se abre el canal hacia el espíritu.

Cuando más tenso estés, sonríe y respira profundamente. Tu espíritu se sentirá liberado y podrá darte algún consejo para eliminar la fuente de tu estrés.

Cantar cuando uno se siente triste

Cantar favorece al espíritu. Los ángeles alaban a Dios cantando. Cantar en la tristeza renueva los bríos para resolver nuestras dificultades.

Los cantos alegres dan energía al cuerpo porque el espíritu se fortalece y trasmite su fuerza al cuerpo.

Cantar en la tristeza es como elevar una plegaria a Dios solicitándole el alivio de nuestras penas.

Elige algunas canciones que te alegran al cantarlas, y tenlas a la mano para cuando estés triste y entonces cántalas con la emoción del que siente que se está curando de las penas que lo embargan.

Abstenerse de usar algo ostentoso

En muchas ocasiones, una boda, por ejemplo, tendemos a asistir a ella usando nuestra mejor ropa y nuestras joyas, pues queremos lucir mejor que los demás. ¡Qué vanidad!

Y el espíritu sufre, pues él quiere que seamos naturales, auténticos, que brillemos por nuestras virtudes y no por las sedas de nuestros vestidos o los resplandores de nuestros diamantes.

No permitas que tu ego domine a tu espíritu, porque cuando eso ocurre, te debilitas espiritualmente y te conviertes en presa fácil de tus instintos, y quien cae bajo el poder de sus instintos puede sucumbir fácilmente ante los vicios.

Perdonarse a uno mismo

Nada hace sufrir más al espíritu, además del pecado, que el desprecio de la persona por sí misma. Cuando nos despreciamos y nos culpamos a nosotros mismos de todo lo malo que nos pasa, nuestro espíritu se debilita, casi se apaga. Y no es para menos. El espíritu es la vida misma, y si la persona se arrepiente de estar viva, es como rechazar el don del espíritu.

Perdonate. No eres culpable de todo lo que te aflije. Tus padres, tus amigos, tus parientes, tu medio, la sociedad toda pudieron haberte causado una buena parte de tus males. Otros han sido causados por lo que no sabías que te dañaría. Mientras no te perdones, tu espíritu quedará prisionero, igual que tú, de tus traumas emocionales.

Perdonate, porque eres hijo del Espíritu.

Ayudar a pueblos en desgracia

Cuando un terremoto o una inundación asola una ciudad, miles de personas quedan desamparadas. Muchas pierden su casa y sus pertenencias; otras también pierden seres queridos.

Es en esas ocasiones que nuestro prójimo necesita de nuestra ayuda material además de nuestras oraciones. Es en esas ocasiones que nuestro espíritu clama para que demostremos la comprensión y la compasión por los necesitados.

Da lo que puedas; incluso, da de lo que necesitas, porque entonces estarás dando algo más que limosna; te estarás dando a ti mismo, que es uno de los anhelos de tu espíritu, pues vive de tu generosidad.

Contemplar el cielo nocturno

Maravíllate del poder de Dios. Ve cómo ha creado un universo con millones y millones de soles, y cómo todo funciona con extraordinaria precisión. Piensa que desde la creación del universo, todas las leyes y las constantes físicas han sido diseñadas para que tú pudieras nacer y estar allí observando maravillado el inmenso poder divino.

Tu espíritu se sentirá fortalecido, renovado, cuando tu mente racional reconozca las maravillas de la creación y se sienta empequeñecida ante su grandeza.

No posponer más ese proyecto

Tu espíritu quiere que tengas logros, que aproveches tu potencial. Pero si tus logros sólo se quedan en buenos deseos, tu espíritu se debilita.

Si tienes algún proyecto —quizás ya iniciado— llévalo a cabo cuanto antes. Mientras más esperes, más frustrado te sentirás y más debilitado estará tu espíritu.

En ocasiones, los proyectos no se llevan a feliz término por falta de planeación o porque sobrepasan nuestras facultades. Revisa tu situación y si determinas que el problema es falta de planeación, resuélvelo. Y si es porque el proyecto te sobrepasa, redúcelo a una dimensión que puedas manejar.

Una vez que tu proyecto sea realizable, entrégate a él en cuerpo y alma hasta verlo felizmente terminado. Tu espíritu se llenará de regocijo.

Consolar a alguien

En el trabajo, en la escuela, en el club, en el hogar mismo, podemos encontrar a alguien que parece estar triste. Acercarse a él o ella y preguntarle qué le pasa y consolarla es un acto de fortalecimiento de espíritus, el propio y el de la persona consolada.

Si es una persona desconocida, puedes sacarle plática y llevarla poco a poco hasta que te cuente lo que le pasa. Entonces, si lo que le ocurre a ella te ha ocurrido a ti alguna vez, dile cómo resolviste tu problema. Si no tienes una experiencia similar al de ella, por lo menos dale ánimos.

Volver a hacer lo que se hizo mal

Con frecuencia hacemos mal las cosas y así las dejamos, más por flojera que por falta de destreza.

Como el espíritu anhela la perfección, cuando procuramos hacer las cosas lo mejor que podemos, y rehacemos de inmediato lo que a la primera nos salió mal, el espíritu se alegra y fortalece.

Repasa mentalmente todo aquello que hiciste mal recientemente y hace tiempo, haz una lista y propónte rehacerlo, hasta que quede bien, en una cierta fecha. Luego cumple ese programa.

Si hiciste algo a la carrera porque no tenías tiempo para hacerlo con más cuidado y te salió mal, te pregunto: Si no tuviste tiempo para hacerlo bien desde el principio ¿lo tendrás para hacerlo de nuevo?

Ofrecer a Dios el sufrimiento

Muchas personas cuando sufren por una u otra causa, tienden a maldecir su suerte. Algunas incluso culpan a Dios. Obviamente, cuando lo hacen su espíritu sufre, pues nadie mejor que el espíritu conoce la bondad del Creador.

Ofrecer a Dios nuestro sufrimiento significa reconocer que por alguna razón trascendental está permitiendo que suframos.

Debemos tomar conciencia de que, primero, Dios no está para cumplirnos todos nuestros caprichos —como sacarnos la lotería, por ejemplo— y, segundo, permite que suframos para templarnos, así como el fuego templa el acero, porque al poseer fortaleza podremos aspirar a trascender en la vida.

Aprovechar el tiempo

José María Escrivá de Balaguer, fundador del Opus Dei, decía que el tiempo es el dinero con que se compra la eternidad.

El espíritu sobrevive al cuerpo por toda la eternidad, por eso añora que utilicemos bien el tiempo. Esto no significa que trabajemos 24 horas al día. Significa que incluso en el descanso le demos buen uso a cada minuto de vida. Y darle buen uso significa utilizarlo en actividades que nos mejoren espiritual, corporal o intelectualmente. Y mucho mejor si nos mejoran en los tres aspectos.

Las horas de sueño, por otro lado, deben ser únicamente las necesarias para recuperar las energías empleadas en tener una vida plena.

Sobre el autor

El Dr. Luis Castañeda ha escrito hasta ahora 69 libros sobre temas de superación y gerenciales. Entre sus obras más conocidas se encuentran las siguientes:

- Un plan de vida para jóvenes
- No soy perfecto pero quiero superarme
- El niño triunfador
- Tu motivador personal
- Valores y virtudes del niño triunfador
- Naciste para triunfar
- Jóvenes en peligro
- El niño líder
- Los pergaminos de la excelencia
- Sueño de un gerente con Dios
- Frases que cambian vidas
- Jóvenes con valores y principios
- El reto
- 101 maneras de ser todo lo que eres capaz de ser

El Dr. Castañeda es conferenciante internacional y es un incansable promotor de los valores personales y familiares.

Si desea conocer las obras del autor o contratar una de sus conferencias, puede comunicarse con él al teléfono: 53-68-90-93 o al fax 55-35-92-02 de la ciudad de México, o bien a sus direcciones electrónicas:

luiscastanedam@yahoo.com y
lcastaneda@panoramaed.com.mx

Visite su sitio web: luiscastaneda.com.mx

Otra obra de Luis Castañeda

TU MOTIVADOR PERSONAL

Leyendo con frecuencia las afirmaciones contenidas en este libro, el lector puede vencer un mal hábito y reemplazarlo con uno positivo.

Incluye afirmaciones para que prácticamente todas las áreas de la vida, y por medio de su índice alfabético el lector puede encontrar afirmaciones para situaciones especiales que esté viviendo actualmente.

Formato: 13×20.5 No. de páginas: 112

Impreso en:
Impresiones Alfa
Lago Managua No. 50
Col. Torre Blanca
11280 - México, D.F., Agosto 2008